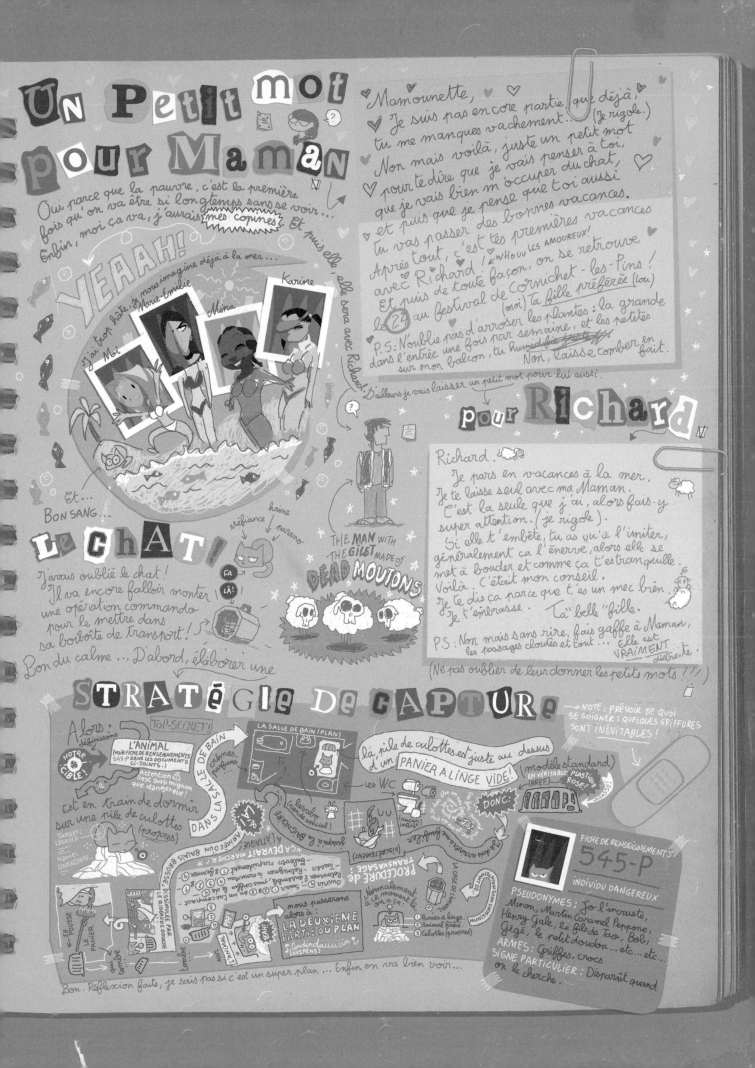

JULIEN NEEL

IDYLLES

Tchô!
La collec...

À mon frère.

DU MÊME AUTEUR :

LOU T.1, *Journal Infime*
LOU T.2, *Mortebouse*
LOU T.3, *Le cimetière des autobus*
LOU T.4, *Idylles*
LOU T.5, *Laser ninja*
LOU T.6, *L'âge de cristal*
Éditions Glénat / Tchô! la collec'…

CHAQUE CHOSE
Éditions Gallimard / Collection Bayou

LE VIANDIER DE POLPETTE T1, *L'ail des ours*
Scénario : Olivier Milhaud / Dessin : Julien Neel
Gallimard BD

Couleurs : Carole et Julien NEEL.

Rejoins toute la bande à Tchô! sur www.tcho.fr

www.glenatbd.com

Tchô! la collec'…
Collection dirigée par J.C. Camano

© 2007 Éditions Glénat. Couvent Sainte-Cécile
37, rue Servan - 38000 Grenoble
Tous droits réservés pour tous pays.
Dépôt légal : novembre 2007.
ISBN 978-2-7234-5869-6 / 012
Achevé d'imprimer en France en juillet 2014 par Pollina - L24505,
sur papier provenant de forêts gérées de manière durable.

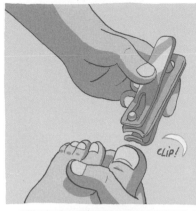

CLIP!

C'est le premier été que je passe sans elle...

Note que c'est aussi le premier été que tu passes avec moi...

Héhéhé.

... et tu sais quoi? On va même peut-être pouvoir faire un truc qui ressemblera à de vraies vacances d'amoureux!

Hein?

J'ai eu un plan par mon éditeur: une tournée de dédicaces de mon livre dans tout le pays...

...Et il paye tous les frais:

...Restaurants de luxe, palaces de folie...

...Comme dans James Bond!

Et puis surtout:

J'ai le droit d'emmener mon conjoint.

Et ton conjoint c'est moi?

Ben oui, banane.

WAAH.

Comme dans James Bond, tu dis?

Pareil.

Enfin on n'aura peut-être pas le permis de tuer.

Je demanderai. On sait jamais...

SMACK!

Tu crois qu'elle pense à moi un peu quand même?

3

Bon, demain c'est l'ouverture de la chasse aux garçons.

C'est le seul truc à faire dans ce coin pourri...

Tu peux compter sur moi.

J'vous suis.

Ha ? On dirait que quelqu'un n'a pas l'air intéressé ?

Hein ? Quoi ?

♪ BIDIBIBIDI DIBIBIBIDI BIDIBIBIBI BIDIBIBIDi ♪

Hou! Mais qui est-ce qui l'appelle ?

À cette heure tardive ?

Hum... Je dirais...

PÄUL!

Pfff... N'importe quoi, Paul est juste un copain et rien de plus, n'allez pas vous faire des films...

♪ BIDIBIBIDIBIBIDIBIDI ♪

Te fatigue pas, on te connaît, ma vieille!

Hihihi, c'est trop mignon!

Allô oui ?

♪ LOU-ELLE-A-UN AMOUREUX-HEU! ♪

Allô ?

M'man ? Ah c'est toi!

Oui, on est bien arrivés.

De qui ? Le chat ? Ah oui oui, il va très bien !

Il est juste à côté de moi, tu veux lui dire un mot ?

?

Et toi, tu vas bien, tu...

Quoi ?

Le sopalin ?

Ben heu...

Sous l'évier...

comme d'hab'...

Oui, l'évier de la cuisine, oui...

Tu te souviens où est la cuisine ?

Ça va.

C'est bon ? Tu l'as ?

Super.

Hein ? Quoi ? Moi ?

Ah heu... Tout va bien...

Rien de spécial...

AH! si : Demain, je vais à la chasse aux garçons.

Quoi ? Comment ça : "Et Paul?"?

6

Ben ouais, tu sais : **PAUL**...

Son copain qu'est dans un trip Hawaïen étrange, avec l'ukulélé, le paréo et tout.

AAAaaah ouiiii : celui à qui elle a écrit une lettre, là...

Oui, c'est ça... Eh ben figure-toi, qu'elle me sort qu'elle est pas amoureuse de lui ni rien...

Comme quoi ce serait juste un copain...

Mmouais

Ouais : n'importe quoi...

Mais en même temps, ça nous regarde pas, en fait...

Certes.

Alors ils ont dit qu'ils nous envoyaient une navette pour nous conduire sur le lieu du festival.

Une limousine, sans doute...

Comme dans James Bond, j't'avais dit !

C'est vous, la romancière ?

Et heu... il est encore loin, ce festival ?

Festival, festival... Vous savez, ce n'est qu'une petite quinzaine commerciale...

Notre truc, vous savez, c'est surtout l'électro-ménager discount...

Mais faut les bouger, les gens, jusqu'à la zone industrielle...

C'est pour ça qu'on fait venir des sortes d'artistes comme vous...

L'année dernière on a eu ce type marrant qui jouait le raisin dans la pub pour les jus de fruits, vous savez ?

Un drôle de loustic, vous auriez vu ça !

Alors les gens, ils viennent au magasin voir la star, et nous on en profite pour leur refourguer du sèche-linge...

Tenez, on a installé vos bouquins au rayon des fours.

Voilà Voilà.

Si vous avez besoin de quoi que ce soit, un verre d'eau ou autre chose...

Allez, je vous laisse, vos fans vont pas tarder.

Des prix Sidérants !

SOLDES SPATIAUX

L'auteur de Sidéra dédicacera de 15 à 18h

Wha... le plan pourri. J'te jure, mon éditeur, j'vais le

Chht, voilà quelqu'un.

Excusez-moi ?

Il est pas là, le type qui jouait le raisin dans la pub pour les jus de fruits ?

7

HEY! JUS DE FRUITS?

Franchement, j'te jure, tu fais pitié, Mister Juice.

C'est bon, Karine, laisse-le, y gagne sa vie, ce mec...

...Non mais c'est vrai : J'en ai marre de passer pour la nunuche romantique de service...

Hum?

Ça va, on discute, quoi...

MISTER JUICE!

VU À LA TV!

Ben oui : la Lou qui reste mille ans campée derrière son téléphone à attendre que quelque chose bouge dans sa vie sentimentale, c'est FINI!

Maintenant, je bouge, je vis, J'EXISTE!

C'est l'été, bon sang!

...et je le répète encore : Paul, c'est JUSTE UN AMI!

Rien de plus.

Qu'est-ce qu'elle raconte??

PFRFFF...

HÉ, LES FILLES! J'ui ai pécho plein d'échantillons, à l'autre bouffon, là!!

LA VIE EST BELLE, ET JE COMPTE BIEN EN PROFITER AU MAXIMUM!

Bon, avec Karine, on va chez le coiffeur, toi, tu restes avec little miss Sunshine et on se retrouve à midi sur le port?

Ça marche.

Bon, alors? Cette chasse aux garçons?

Hein?

Quoi?

KOF!

Je sais pas, moi : y'a des trucs, des techniques spéciales?

Ha, heu...

Ouais...

Généralement, je fais semblant d'avoir un malaise au pied du mec qui me plaît. Après, je fais la petite chose fragile qui a trop des problèmes dans sa vie, et là, généralement, ça marche...

Ha?

Oh ben tiens : Regarde là-bas, le joli troupeau.

...Et en plus ils ont des Vespa!..

...Et ÇA, c'est génial!

Ça fait flipper les parents, et en plus c'est le meilleur moyen de circuler dans le coin...

Attends... C'est étrange, mais... Celui du milieu là... Je... Je...

le canon?

Il a beaucoup changé, mais...

...il me semble bien que c'est...

8

Tristan ?!

Tu connais le canon ?

Mais c'est pas possible ! Qu'est-ce qu'il ferait là, Tristan ?

Wow.

Ben on n'a qu'à lui demander...

ÇA VA PAS LA TÊTE ?

Si c'est pas lui, j'aurai l'air ridicule !

...Et si c'est lui, j'aurai l'air ENCORE PLUS RIDICULE !

Ah ok, je vois alors.

Tu vois QUOI ?

Bah j'vois que ton petit speech sur la vie qu'est belle, et sur la nouvelle Lou qui se bouge ses fesses, eh ben c'était du flan, et que t'es qu'une dégonflée, c'est tout.

Oui, non mais LÀ, c'est peut-être TRISTAN !

C'était mon voisin pendant des années, j'étais folle de lui, et puis on est vaguement sortis ensemble, et puis il est parti vivre dans une autre ville.

...Et c'était pas trop grave, parce que je ne ressentais plus rien pour lui.

Nickel alors.

Comment ça, nickel ?

Tu ressens plus rien pour lui, hein ?

Ben non, je...

Alors ça va, alors.

MARIE ! NON !

Ne...

Tralalila lereuh Je me promèneuh !

Wouu ! J'ai la tête qui touuurne !

HEY !

Ça va ? Tu vas bien !?!

Où... Où suis-je ?

Alors : Fraincheument ?

Hmm ?

HÉ NON MAIS TU LE CROIS ÇA ?
ELLE M'A FAIT DES BOUCLETTES,
CETTE ESPÈCE DE COIFFEUSE, LÀ !

Je... Je suis visagiste et...

Hé non mais fraincheument :
Ça vous va trop tropbien hein.

Ben ouais c'est vrai en plus.

Non mais elle m'a prise
pour Esmeralda ou quoi ?

Marie-Émilie, elle va bien
se foutre de moi, encore...

Maaais nooon...

WHA LES COUPES MOISIES !

?!?

T...TRISTAN ?

Hey Mina !

Mais...
que ?

Dingue, non ?

Ouais, t'as vu ça
ce hasard en bois ?

J'ai eu un malaise
et paf, je suis tombée
dans les bras de votre
copain Tristan !

J'suis
au camping,
là-bas, avec
des potes.

T'as eu
un malaise ?

Laisse
tomber.

On allait à la plage, vous venez ?

Pousse-toi,
c'est moi
qui conduis.

Hein ?

Allez,
grimpe.

Heu ouais mais...

TOUT LE MONDE EST PRÊT ?

J'suis d'accord
avec toi : c'est
N'IMPORTE QUOI...

LES DERNIERS ARRIVÉS PAYENT LES GLACES !

...Mais après tout,
pourquoi pas ?

Des glaces?

Ah non. on n'a pas ça...

Désolé hein, c'est la clim' qu'est pêtée.

C'est pour ça cette chaleur.

On a des bières par contre...

...tièdes.

Le frigo aussi, il est pêté.

Ha vous savez, ça me fait rudement plaisir de vous recevoir, je l'ai adoré, moi, votre bouquin!

oh? Vous l'avez lu?

Bien sûr!

Certains passages m'ont vraiment fait penser à La trilogie de Niorbluk, vous devez sans doute connaître...

Heu non.

Y'en a pas une pour moi, de bière tiède?

C'est quand même super influencé par tout ce courant de la nouvelle science-fiction, non?

La nouvelle science-fiction?

et heu... pour ma bière?

Ben oui:

Les chroniques stellaires de la galaxie perdue, le pacificateur du cosmos, le cycle d'Andromède...

Enfin, vous voyez quoi...

Ha non, pas du tout...

...et donc, heu... les bières? Y'en a plus?

Nan.

Mais alors, vous devez être super-fan du parchemin des cyber-papes?

De quoi?

Vous connaissez pas le parchemin des cyber-papes?

Ben non, ça me dit rien, désolée...

...Ah mais il FAUT lire le parchemin des cyber-papes, hein...

Obligé.

SLURP.

Bon. Je vais faire du classement dans l'arrière-boutique, vous m'appelez si quelqu'un arrive?

Heu ouais ok ouais.

Pol!

Tu veux finir ma bière tiède?

11

Qu'est-ce qu'elles foutent ?

Bah... C'est des filles, tu sais...

Non je sais pas, justement...

On n'est pas tous des spécialistes comme toi, Don Juan.

PFFF...

N'importe quoi ! Je suis pas sorti avec tant de filles que ça, hein...

Non mais quand même genre on débarque ici, et y'en a une qui te tombe direct dans les bras !

Baaa !

Ciel ! Je défaille !

Ça va bien Mademoiselle ?

C'est à vous ces beaux yeux-là ?

... Et par-dessus le marché, t'es déjà sorti avec sa copine, la super jolie petite blonde, là...

Lou ?

Non mais c'était quand on était encore petits.

Ouais mais même, ça fait DEUX filles !

On totalise même pas ça à nous tous !

Si, moi je...

Non, on a dit que ta cousine ça comptait pas...

Ah ouais, mince...

En tout cas, Lou, elle est toute distante, c'est bizarre...

Ça s'était fini comment entre vous ?

Je sais plus trop.

À cette époque-là je crois que... que je ne m'intéressais pas vraiment aux filles.

Tu veux dire t'étais...

Hiiin ! Crétin !

Hé ! Hé ! Hé !

Chhh ! les voilà !

HEY !

Et heu... Quelqu'un a regardé le foot hier soir ?

C'est par-là.

Où est-ce que vous nous emmenez ?

Haha ! surprise...

Whou c'est escarpé !

C'est pour ça que personne ne vient jamais par ici !

...À part nous !

Whou !

Hey.

Hey.

On n'a pas trop parlé ensemble encore, c'est marrant...

Qu'est-ce que tu deviens ?

Bah heu...

Rien de spécial, quoi...

Tu sais, je ... j'ai beaucoup pensé à toi depuis qu'on...

OUCH !

AH OUAIS OK J'VOIS L'GENRE.

le coup de faire semblant de lui tomber dans les bras, t'es gentille, mais c'est copyright !

Hé non mais non !

Hein ?

Tu ressens plus rien pour lui, hein ?

Mais j'te jure que...

franchement t'abuses, là...

Heu je heu ... je vais là-bas, hein, je ...

Nan mais t'y crois ça : elles se BATTENT pour lui !

Écœurant !

On est arrivés !

WoW !

le pique-nique de ces dames est avancé !

Jambon sous vide, melon de pays...

Cool ! Du melon !

J'ai même chouré une bière à mon père.

Elle est tiède mais bon...

Et ta mère, au fait ? Elle est toujours fan de jeux vidéo ?

Baah, elle est amoureuse, ça lui a passé maintenant.

HiHi moi aussi !

14

BIP BIP!

N'empêche que c'est pas SUPER agréable de voyager avec toi, hein...

Whoo ça va hein, râle pas...

Je sauvegarde et j'éteins la console...

BIP.

Eh ben quoi?

Rho mais deux s'coooondes!

J'sauvegarde, voilà!

Oh je vois: Monsieur fait la tête parce que je me détends cinq minutes...

C'est sûr qu'avec LA FOULE qu'il y a à tes dédicaces, t'as hyper besoin de décompresser!

Hé mais c'est DÉGUEULASSE de dire ça!

Heu, oui... Pardon, je...

C'est CARRÉMENT dégueulasse de ta part même!

Non mais en le disant, je me suis rendu compte que...

Non parce que si t'es pas content, t'as qu'à sauter du train, hein?

Ça va? Ouais?

Non mais HO.

J'en reviens pas comment t'es gonflé, toi, Monsieur l'éternel étudiant...

Mais...

Hé: Entre nous: ça fait un bail que je t'ai pas vu étudier, d'ailleurs...

...Et puis en plus c'est pas le moment de m'énerver: la prochaine étape, c'est le Festival du Livre de Mortebouse. Et Mortebouse, c'est le village où j'ai grandi et où vit ma mère...

Mais pardon, je...

Excuse-moi, je...

...Et je sais pas si tu te souviens de ma mère, mais l'échec commercial de mon livre, c'est précisément le genre de truc sur lequel elle va se jeter pour m'expliquer en long et en large pourquoi je suis une ratée, et que j'aurais dû l'écouter, devenir postière et épouser Clément Fifrelin.

Hein?

Je sais pas quoi faire pour...

Moi je sais: embrasse-moi.

Bon, ça va, c'est bon, là...
Vous vous revoyez demain j'vous signale...
PFF...

Chht Henri !
Je crois bien que j'entends les filles !
Mmh ?

Les fiiiiiilles ?
C'est vooous ?

Et nous on se dit au revoir ?
Mmh ?
Heu ouais.
Au revoir.

HÉ, LES MECS ? ON Y VA OU QUOI ?
?
ROAR !

Hé mais Mina hé : Mais comme tu nous as toutes grilléééées sur le coup là !
Ma parole !
ET C'EST MINA QUI REMPORTE LA PREMIÈRE PRISE DE LA CHASSE AUX GARÇONS !
Au revoir.
Kof kof
VROAAAR !

Les fiiiilles ?
C'est vous ?
...Mais j'vous jure, il m'a dit des trucs tellement gentils !

Aaaah ! les fiiiilles ! C'est vooous !
Je ...Enfin : On commençait à s'inquiéter...
Ah ouais ? Genre vous vous intéressez à nous ?
Et toi ? T'as parlé à Tristan, un peu, j'ai vu ?
Heu ouais, comme ça, vaguement, quoi...
Kss kss

Il reste plein de melon, j'ai pensé qu'on pourrait manger tous ensemble, pour une fois et...
TRÈS BONNE IDÉE.
J'vais m'coucher, amusez-vous bien.

Vous m'excuserez, hein ? Je vais me coucher aussi...
Whooou ! J'ai les jambes toutes tremblantes.
?
Bonne nuit, m'sieur Henri !
Mm

Alors ? Des candidates pour la super melon party ?
Ouais. Lou et moi on est partantes, pas vrai ?
Heu ouais ouais.

Sensas !!
Et si on mettait la table près de la piscine ?
Henriiiii ? Qu'en penses-tu ?
Henriii ?
Mm ?

16

♪ Les fiiilles! ♪
Petit déjeuner

MAIS TU PENSES QU'À NOUS ENGRAISSER OU QUOI?

TU VEUX QU'ON DEVIENNE GROSSES ET LAIDES COMME TOI? C'EST ÇA, TON BUT DANS LA VIE?

Bon. Ça suffit.

Qu'est-ce t'as, toi?

LÂCHE-MOI! MAIS LÂCHE-MOI J'TE DIS!

Qu'est-ce qu'on disait?

Tu me parlais de tes symptômes bizarres, avec Jean-Jean...

Ah oui : Et tu es sûre que tu n'as rien ressenti qui ressemblait à ça, quand t'étais sortie avec Tristan?

PAS LA PISCINE! PAS LA PISCINE!

Ben non...

Pas à l'époque, non...

Et là, maintenant?

Eh ben je...

SPLATCH!

♪ BiDiBiDiBiDiBiDiBiDiBi ♪

Ah, tiens? mon portable?

Excuse-moi deux s'condes...

C'est un peu facile, ça.

Allô?

Aaallô?

À PARTIR DE MAINTENANT, TU CAUSES BIEN À TA MÈRE, OK?!

SPLIT!

Bonjour Mina!

Bonjour Madame Garsillac!

Il restait encore du melon, je vous ai fait du jus!

AAallô?

Allô?

Allô?

Allô? M'mah?

c'est toi?

J'entends rien, là...

Hum.

JE VOUS DÉTESTE TOUS!

MA VENGEANCE SERA TERRIBLE!

Je vous dois combien pour l'avoir jetée à l'eau?

Ben mince alors...

Ça a coupé!

Laisse tomber, M'sieur Henri. C'était gratos.

Pour cette fois.

Allô!

AAALLô?

Qu'est-ce qui se passe?

Ça y est. Le portable passe plus...

Ça veut dire qu'on est arrivés.

MORTEBOUSE

Mais je te dis que ça va trrrrès bien se passer!

Hein? Jusqu'ici, cette tournée est un échec: On est accueillis partout comme des chiens, et y a pas un chat à mes séances de dédicaces...

Alors ici, ça va être pire que tout!

SALON DU LIVRE

Je pense qu'il est intéressant de noter que c'est pile ici que ma carrière d'écrivain va symboliquement s'arrêter définitivement.

Et je te parie que ma mère sera aux premières loges pour contempler mon échec.

LA VOILÀ!

3...
4...

C'est ma fille!

BIENVENUE À LA PLUS GRANDE ARTISTE MORTEBOUSIENNE

PON PON PON PON

C'est ma mère.

De quoi ?

Ben le livre que tu lis, là, eh ben c'est ma mère qui l'a écrit.

C'est marrant.

Hein ? Tu t'fous de moi ?

Non non.

C'est son nom, ça: "Graëtzel Blondilla"?

Non, c'est son pseudonyme.

Tu veux dire...

Eh ben dis donc, c'est dingue, ça...

He mec, hé : Tu sais quoi ? C'est la mère de Lou qui a écrit "Sidéra, aventures galactiques." !

Hein ?

PLIT!

Mais heu... Vous l'avez déjà lu et tout ?

Tu m'étonnes ! Plein de fois !

On est super-fans, tous les deux !

Franchement, c'est le meilleur bouquin que j'ai lu depuis "Le parchemin des Cyber-papes."

Même qu'on avait prévu de se le faire dédicacer la semaine prochaine pendant le festival de Cornichet-les-pins...

C'est juste à côté.

Ouais je sais, ma mère y sera, on avait prévu de s'y retrouver...

La fille de Graëtzel Blondilla ! Eh ben dis donc...

Mais heu... T'as pas des anecdotes ou des trucs sur elle à raconter ?

Heu... Si, des tas, mais...

GNIN GNIN GNIN GNIN.

Je sais pas, moi... Comment elle a eu toutes ces idées pour Sidéra ?

Ben en fait, au début, quand j'étais petite, elle m'inventait des histoires pour m'endormir...

CRÂNEUSE.

... Et au fur et à mesure, elle y a pris goût, et les histoires sont devenues de mieux en mieux...

... Alors un jour, juste pour voir, elle a rédigé une de ses histoires, l'a envoyée à un éditeur; et, coup de bol, il a vachement aimé et lui a commandé tout un roman...

Et voilà.

... Et puis c'est drôle, parce que dedans, y a plein de trucs de notre vie qu'elle transforme un peu...

Genre quoi ?

Ben genre le prince Fulgor, dans le livre, il est inspiré par Richard, son vrai copain dans la vie...

Hé les mecs, arrêtez de l'embêter avec votre bouquin pour gamins, là.

Elle s'en fiche totalement, de vos trucs débiles de science-fiction...

...La science-fiction, ce genre littéraire si cher à notre commune, peut-être fière de compter en son sein une aussi jeune et si talentueuse auteur...

...Une fille du pays, une Mortebousienne de coeur et d'âme, courageusement montée à la grande ville pour porter au plus haut la flamme de notre culture locale...

C'est ma fille.

Tu dois être Paul? Moi c'est Richard!

Ah oui, enchanté, Lou m'a beaucoup parlé de vous.

Fifrelin.

Clément fifrelin.

Hihi! Ben tu vois, super accueil! Ils t'ont fait la totale!

La fanfare, les majorettes...

C'est super Kitsh!

Quoi, les majorettes?

Heu... Tu peux écrire: "Pour Clément, mon meilleur ami"?

Ben je sais pas, moi: les majorettes, quoi...

J'ai toujours trouvé ça absurde, les majorettes...

Et puis c'est quoi, au juste? Une armée? Une danse? Un sport?

Et puis ces costumes ridicules...

COMPAGNIiiiiE...HALTE!

En tant qu'ancienne capitaine des étoiles de Mortebouse, nous feriez-vous l'honneur d'ouvrir le cortège?

Étoile un jour, étoile toujours!

COMPAGNIiiiiie...MARCHE!

Eh ben mon vieux, on dirait que vous venez de faire une sacrée gaffe!

Wha la gaffe hé.

Le bouquin de sa mère...

Je me souviens maintenant...

Quand j'habitais en face de chez elles...

C'est le bouquin qu'elle essayait d'écrire...

Bon heu... Moi j'vais faire un tour en ville.

À tout à l'heure!

Rhaaa... hon mais quel CRÉTIN!

...Et tu vois, t'as beau te faire des p'tits films dans ta tête, mais c'est pourtant clair: ce type, il est pas fait pour toi!

Ce qui se passe, c'est que c'est ta première amourette, tu le retrouves ici par hasard, il fait beau, le ciel est bleu et tout, donc forcément tu te demandes si y'a pas encore quelque chose entre vous...

Tu cherches des atomes crochus...

Mais fais-toi une raison: vous êtes pas dans le même monde, toi et lui...

C'est vrai que ce qu'il a dit sur la science-fiction, c'est NUL...

Mais vous savez ce que c'est, le PIRE, dans tout ça?...

...C'est que j'aime bien ça, moi, la science-fiction.

Je sais MÊME PAS pourquoi j'ai dit un truc pareil!

Ben sans doute pour faire le mec super mûr et tout...

Pour frimer, quoi.

Bien joué.

Crois-moi, mec: les filles, elles aiment les garçons naturels.

Yep.

Nan mais Tristan, c'est un mec qu'a les pieds sur terre, hein, c'est pas le genre à rêvasser en regardant le cosmos...

Rends-toi à l'évidence; ça a pas marché entre vous une première fois, y'a pas de raison pour que ça se fasse ce coup-ci...

Vous êtes IN-COM-PA-TIBLES.

C'est pas ton genre, c'est tout.

Et c'est quoi, mon genre, selon toi?

Je sais pas, moi... Je suppose que c'est plutôt les mecs roots, les rêveurs, les poètes, les romantiques...

Ceux-là, je te les laisse.

22

?

Je ne suis qu'un misérable.

Ah ben ça, fallait pas parler mal des étoiles de Mortebouse...

Ah oui : c'est sacré, ça...

C'est bien fait pour vous, hein!

Mais je ne savais pas tout ce que ça représentait pour elle, moi!

Elle va me détester, Bouhouhou!

Bon, j'vous laisse, hein, je retourne à mon stand.

T-SHIRTS, NAPPERONS, BRODERIES SIDÉRA, POUR QUI EN VEUT Y'EN A!

Bouhou!

Allons, allons mon vieux.

Calmez-vous, bon sang.

il faut partir maintenant.

Vous l'avez trop fait souffrir.

Partir loin...

HÉ PSST!

TINDIN!

whaa.

Je retire ce que j'ai dit à propos de ce costume...

...et je... je m'excuse de...

Wha.

Héhé!

je te pardonne

♪ YOUHOUUUU! ♪♫

caramba! encore raté.

Whou! Y'a PAUL!

Bla bla PAUL bla bla bla bla PAUL!

Whou!

HA HA!

HiHi!

?

Hé ...Heu... Les filles, vous dites quoi, là, à propos de Paul?

Chuut!

C'est JUSTE le mec le plus craquant du village!

Si mystérieux...

Costaud...

Romantique...

+ = ♥

Il paraît qu'il se cure le nez comme un porc.

23

Comment ça, comme un porc?

Comme ça:

Ghiiii.

Oh seigneur oui, c'est franchement ê-cœu-rant!

Et c'est donc pour ça que tu t'es désintéressée de ce Christian?

Tristan.

Ah oui, Tristan, pardon.

Hm... Non, en fait non, c'est pas pour ça...

...Parce qu'en fait ça, ça s'est passé AVANT que je sorte avec lui...

...Quand je l'espionnais avec des jumelles depuis mon toit...

Grand dieu!

Non, le truc qu'a tout cassé, c'est cette carte postale débile qu'il m'a envoyée quand j'étais chez ma grand-mère, l'été dernier...

Au moins, il t'a écrit...

Pfff... Ouais. Mais il m'a écrit un truc stupide, du style: "J'm'éclate, j'te kiffe..."

...sur une carte postale avec un singe hideux déguisé en vacancier...

Un singe?

Oui.

Quelle idée...

...Et puis faut dire aussi qu'au même moment j'ai rencontré Paul...

Paul? HoHo! Un autre coup de foudre?

Oh non mais non.

Enfin je crois pas, hein...

Mais c'est que Paul...

...Quand il parle, ça fait comme des voyages...

...Alors qu'avec Tristan, eh ben ça décolle pas...

...la conversation reste toujours au ras du sol...

...Et si on rajoute ce qu'il a dit à propos du livre de ta mère, ça explique pourquoi ce garçon ne t'intéresse plus...

Voilà.

En gros, c'est ça, ouais.

Il y a quelque chose que je ne comprends pas alors...

...C'est pourquoi tu ne me parles que de lui depuis ce matin?

ÀÀÀÀ TAAAABLE!

HENRIIIIII?

OK! OK.

OK.

Je suis amoureux d'elle.

Ça va ? C'est bon ? J'l'ai dit, t'es content ?

Ah ben voilà : On progresse, on progresse...

Bon, mais par contre, on a un problème, là...

De quoi ?

Ben apparemment, maintenant, elle, elle te déteste, non ?

Ouais.

Super, t'as suivi.

Non mais t'inquiète, c'est pas très très grave ça, en fait...

Heu si, quand même, c'est embêtant...

Crois-moi, mon vieux, si tu y mets un peu du tien, y'a toujours moyen d'arranger les choses...

C'est ça ouais...

Laisse-moi deviner : Quand tu penses à elle, t'as comme l'impression de tomber dans un gouffre, et en même temps l'impression de t'élever super haut dans les airs ?

Et c'est super agréable.

Heu... oui oui...

Et bizarrement, quand tu te retrouves face à elle, tu n'arrives qu'à bredouiller des banalités...

Oui. Voire même à me comporter carrément comme un gros naze...

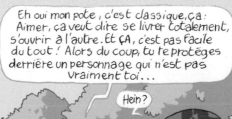

Eh oui mon pote, c'est classique, ça : Aimer, ça veut dire se livrer totalement, s'ouvrir à l'autre. Et ÇA, c'est pas facile du tout ! Alors du coup, tu te protèges derrière un personnage qui n'est pas vraiment toi...

Hein ?

Mais t'as peur du vide, en fait, et c'est pour ça que tu nous la joues un peu beau ténébreux poseur qui se la pète...

Le pire, c'est que t'as raison.

Et dire qu'il y a deux jours, c'est toi qui venais me voir parce que tu n'y connaissais rien aux filles...

Oui, vois-tu, Tristan, la relation que je vis avec Mina est structurée autour de la complémentarité, et elle nous permet à tous les deux de nous épanouir et de nous construire mutuellement l'un et l'autre...

... D'où cette brusque maturité...

Limite, même, tu me fais flipper.

Alleeez, vous pouvez me le dire : C'est pour quoi faire, ces slips ?

Maiiiis heuuu...

C'est Top-secret, on te dit.

Bon, ben j'vous laisse, moi...

A plus.

Ben tu vas où, toute seule, comme ça ?

T'occupe...

On se voit ce soir.

Hey !

Hé les amoureux !

Vous prenez un verre ?

Heu nous, non, on a encore des courses à faire pour heu...

...Notre truc Top-secret, là...

Vous avez besoin de quoi encore ? Des strings en plumes ?

Hin hin, très drôle.

Ben remarque, ça tombe bien...

...On voulait te parler d'un truc...

...En privé...

Bon. Alors on sait que ça ne fait que quelques jours, mais...

...Ben voilà, nous avons décidé de symboliquement célébrer notre union en organisant une petite fête demain soir...

Hein Mamour ?

Oh un truc très simple, hein, juste avec un feu de bois, les copains, de la musique ...

...Un gros gâteau...

Un gros gâteau ?

S'il te plaiiiit !

Booon d'accord, ma puce, va pour le gros gâteau...

J'peux pas résister quand tu m'fais ces yeux-là...

Coquinette !

Mon doudou !

Chouquette !

Choupinou !

Paupiette !

Biniou !

Hum.

Heu oui, pardon... Enfin bref :

On voulait savoir si tu voulais pas être notre témoin ?...

Vous avez pété les plombs, vous...

27

...Nous sommes réunis ce soir pour célébrer à leur demande l'insupportable et soudaine fusion des âmes de Jean-Jean et de Mina...

...Leurs sourires niais et complices, leurs petits surnoms mignons... Nous devrions les HAÏR, nous autres malheureux célibataires...

...Mais ce sont nos amis, et je crois que ce soir, ils ont simplement voulu partager avec nous un peu de cette joie de vivre qui les auréole depuis quelques jours... Ce truc apparemment formidable que j'espère on va tous finir par trouver : L'AMÛÛÛR!

Vous pouvez vous embrasser!

QUE LEUR BONHEUR NOUS ÉCLABOUSSE!

CLAP!
CLAP! CLAP!
CLAP!
CLAP!

Bon heu... Vous pouvez arrêter de vous embrasser maintenant... PLACE AU GROS GÂTEAU!

YiïïïAAAH!

Il était chouette, ton discours...

...Très heu... ...lyrique, quoi...

J'ai bien aimé heu là :

"Que leur bonheur nous éclabousse."

Ah ouais? C'est un peu niais mais ça sonne bien, hein ?

Bon et puis... Je voulais te dire...

...C'que j'ai dit à propos du livre de ta mère, l'autre jour, je suis désolé et...

...Et puis aussi, j'vais faire des efforts pour être un peu moins...

Un peu moins quoi?

Been je sais pas, mais en fait quand j'le vois je... J'ai du mal à heu...

À communiquer ?

Ouais... Un truc comme ça... Enfin... Je me suis promis que je vais tenter d'essayer de paraître... Enfin non... Je vais être plus heu...

Plus naturel ?

Voilà.

Mais bon, je... Même là, je bafouille, je...

J'ai l'air d'un crétin.

T'as qu'à te taire alors.

C'est joli le silence.

Ah oui remarque, oui.

T'as raison.

C'est pas plus bête...

Chhhh !

LAISSEZ PASSER LES JEUNES MARIÉS!

HI HI HI ! NOON !

QUE LEUR BONHEUR NOUS ÉCLABOUSSE!

Eeeeeet...

Hop!

Attrape, Henri !

PAK

Henri ?

Ça va ?

Je t'ai fait mal ?

Mmm.

?

Ça va ?

Fais voir où t'as mal ?

Montre ?

Rhooo mais c'est rien, ça !...

Fiche-moi la paix !

Rhaa...

C'est pas possible, mais c'est pas possible...

Ça va bien ou quoi, M'sieur Henri ?

Ah, Karine ! Tu es déjà réveillée ?

Vous êtes rentrées tard hier soir...

Pourquoi ? Mais POURQUOI ?

J'imagine que vous vous êtes bien amusées...

Bah, tranquille, ouais.

Ça doit être magnifique, un feu de camp sur la plage...

Bon, j'vous laisse, hein, j'vais au village...

Comment ça ? Tu ne viens pas au festival de science-fiction de Cornichet-les-Pins avec nous cet après-midi ?

Heu, c'est pas mon kiff, moi, ces trucs chelous...

À ce soir !

Bon. Qu'est-ce qu'on fait, nous, en attendant, Henri ?

On essaye un autre jeu ?

Le Frisbee, t'es sûr, t'aimes pas ?

Laisse-moi tranquiiiille...

SHLOUF!

SHHHFFF!

?

?

POK

Holàlà, pardon le minou, je t'avais pas vu !

MIAAAK!

Tu t'la coules douce, toi, ici, hein ?

Peinard, quoi...

?

C'est bon, on a tout ?

Vous êtes prêts, les mecs ?

les slips en fourrure et tout ?

Parés.

Et pour les filles, ça se passe comment ?

J'ai eu Mina : On les retrouve là-bas, la mère de Marie-Émilie les dépose vers quatorze heures.

Dis-moi, ça a l'air de bien se passer, avec Lou, ces jours-ci...

Ben oui, curieusement. Mais bon, rien n'est fait encore, hein...

Hmm... Je pense que ça ne saurait tarder...

Heu... Et toi ? Tu viens avec nous au festival ?

Tu m'as bien regardée ?

Et avec les garçons, comment ça s'est arrangé ? T'as eu Jean-Jean ?

Oui, on les retrouve là-bas...

TRISTAN sera là, bien sûr...

Hihi !

J'viens avec vous, en fait...

Ça va être tout pourri, j'suis sûre, mais bon...

Rholàlà, en plus, j'suis trop contente de revoir ma mère et Richard !

Allô ? Chouquette ? Oui, on y est, là...

Oui, juste à l'entrée...

ENTRÉE

Hein ? Quoi ? Qu'est-ce que tu dis, ma belette ?

Hein ? Comment ça, vous aussi vous êtes à l'entrée ?

Heu... On vous laisse, nous, on va chercher un coin pour se changer...

À tout de suite !

Ben non, écoute, j'suis pas fou quand même ! Y'a un panneau avec marqué "entrée", alors...

...Ma bichette adorée...

ENTRÉE

Alors ? Ils sont où ?

Deux secondes

Lapinou ? Mais t'es à l'entrée où on achète les tickets, là ?

ENTRÉE

Hein ? Comment ça, t'es à l'autre entrée qu'est à l'intérieur ?...

Par là.

C'est bon, pas la peine de t'énerver...

J'en étais sûre : c'est tout pourri.

...Mon p'tit doudou...

Ah c'est bon, j'vous vois !

TRISTAN !

♪ Youhou, je suis làà ♪

Comment je pouvais savoir qu'il y avait deux entrées, moi...

...chalon...

Festival de SCIENCE-FICTION

ENTRÉE

Rhaa! Tu sais bien que j'aime pas ça, mon poulet, quand tu me prends pour une imbécile...

Pardon, mon ange.

C'est marrant, ça. Figure-toi que j'ADORE la science-fiction !

Ah ouais. Super

Hey!

smack!

Tu vas bien?

smack

Bon. Moi, 'faut que je trouve le coin avec les dédicaces de bouquins...

Ah oui. pour retrouver ta mère...

C'est par là je crois...

Dis-moi...

Je me trompe, ou y'a un truc chouette qui se passe entre nous, en ce moment ?

Ben?

Tristan?

Où est-ce qu'il... LOULOUTE!

MAMAN!

RICHARD!

HEY HEY!

Hé mais c'est pas possible, t'as encore pris au moins trois tailles de soutif' !

Deux.

Bon. Ah! Oui...

Alors on t'a ramené une SUPER SURPRISE dans nos bagages...

T'es prête? Attention...

PAUL?

Aloha!

♪Tadaaam!♪

Quel crétin!

Je l'ai paumée, maintenant!

Lou?

Heu... Excusez-moi, mesdemoiselles, mais heu... Vous savez pas où c'est, les dédicaces de romans?

Mais c'est qui ce...

HEY, MEC!

Alors? Franchement?

C'est pas TROP la classe?

Hein? Que?

De quoi?

Bon. Allez...

Ah oui, votre histoire de heu...

... Déguisement...

On se lance!

Yiha!

PAR LA SPLENDEUR DE CASSIOPÉE, NOUS TE SALUONS, Ô PRINCESSE DU COSMOS INFINI!

?

Heu... Ben...

Bonjour, heu...

M'man, je te présente Preston et Manolo.

C'est des amis à toi ?

Heu... Oui...

Mais heu... Ils s'habillent toujours comme ça ?

Ben non, là, j'avoue que je comprends pas trop, heu...

Mais ?!? Mais enfin, REGARDEZ MIEUX :

les désintégrateurs...

... les bracelets en Saturnium...

... les bottes en écailles de Zhorg...

LES SLIPS EN FOURRURE, BON SANG !

LE PRINCE FULGOR !

VOUS VOUS ÊTES DÉGUISÉS EN PRINCES FULGOR !

Ah oui, maintenant que tu l'dis...

Ah ben quand même !

C'est une sorte d'hommage qu'on a voulu vous faire...

... Parce que on est super-fans de Sidéra, c'est pour ça...

Ben écoutez, merci alors...

Rho, content que ça vous plaise, hein !

Je... Je sais pas trop quoi dire, heu...

On s'est donné tant de mal...

Ça gratte pas un peu, ces slips ?

Ah non non, c'est très doux, très agréable à porter...

Ça chatouille un peu...

HiHi !

Ah et heu... Preston et Manolo sont des amis de Tristan...

Tristan ?

De qui ?

Tristan qui habitait en face de chez nous ?

Oui, ce Tristan là, oui...

Eh ben tenez-vous bien : Il passe ses vacances dans le coin aussi...

Tristan qui jouait aux jeux vidéo ?

Ouiii j'te dis...

Et donc figurez-vous que je suis retombée sur lui par hasard...

Tristan ton premier amour ?

Heu oui heu mais...

Beaucoup de choses ont changé depuis cette époque-là...

Heu... On peut avoir nos dédicaces ?

"Que leur bonheur nous éclabousse"...

Gnin gnin gnin gniiiin...

Bonheur mes fesses, ouais...

Hé pssst, Marie...

Tristan?

♥ Mmmf? ♥

Mais?

Que?

il faut prévenir Lou!

Attends heu, non...

Hein?

Comment ça: "Attends non."?

Mais s'elle apprend que heu... Il heu...

Ben un peu, qu'elle va l'apprendre!

Non mais attends un peu, ma salamandre!

Il...Il a dû se prendre un coup sur la tête, il ne sait plus ce qu'il fait...

Je ne vois que ça...

Tu lui cherches une excuse là ou quoi?

Me dis pas que tu cautionnes son comportement, à ton pote?

Mais pourtant hier encore il ne parlait que de Lou et il...

HEY, MINA! JEAN-JEAN!

Je vous présente Paul, mon super copain de Mortebouse!

P...PAUL? Le Paul?

Hey!

Mais qu'est-ce que...?!

C'est ma mère qui lui a proposé de descendre au festival...

Salut Mina!

Enchanté!

C'est pas la mère de Marie-Machin qui fait des grands gestes, sur le parking?

Oui, c'est elle qui vient nous rechercher.

On va aller lui dire bonjour, quand même!

Heu...On lui dit ou pas, pour Tristan, alors?

Ben je... Je sais plus trop, là...

Hé mais en fait, t'es plutôt pas mal!

Hein? Ha? Heu... Merci.

Calmos, Marie...

Lui aussi, tu veux l'embrasser?

C'est une manie?

Rhoo ça va... Lâchez-moi avec ça...

Et puis en plus, c'est Tristan qui m'a embrassée...

Ouais, enfin il paraît que tu t'es pas trop défendue non plus...

...fougueusement...

Hein Mina?

Ah ouais: Tac: Direct... Aucun scrupule!...

...Rapport à Lou, tout ça...

Aaaah ben c'est comme ça, la chasse aux garçons! C'est chacun pour soi, hein... Et donc là, et ben ça me fait un point, par exemple...

Mina et l'autre là, un point aussi...

C'est pas tes oignons.

Lou, zéro, donc...

Et toi, Karine?

Faites comme si j'étais pas là, hein...

HEY!

?

?

?

?

SPLATCH!

Lou? Mais qu'est-ce que...?

Chhhht...

!

!

!

Ah tiens. Votre fille embrasse son meilleur ami sur la bouche, là...

Ah.

C'était prévu.

Mais je croyais qu'ils étaient juste copains, rien de plus...

PFFFF... Pensez-vous!

AAAAAAAAouuMF!

♪ Bonjour tout l'monde! ♫

C'est un peu n'importe quoi, quand même...

Tu m'étonnes !... Un désastre...

...Pathétique...

...ils devaient finir ensemble...

...Tristan & Lou...

...C'était écrit...

Mais c'est elle, aussi, qui débarque avec son espèce de Mahori, là...

À la base, c'était juste un ami à elle, hein...

...Rien de plus...

Ah ok, j'vois le genre : c'est ta copine, alors tu lui trouves toutes les excuses du monde.

Mais si elle est sortie avec Paul, j'te signale que c'est parce que ton pote Tristan, il a roulé une grosse pelle à Marie-Émilie...

Hé mais minute, là : vous êtes en train de vous lamenter sur le sort de vos deux champions, alors qu'ils se sont mis tout seuls dans cette situation ridicule !

Et les deux seules vraies victimes, ce sont en fait Paul & Marie-Émilie...

Franchement, jouer comme ça avec leurs sentiments, je trouve que c'est carrément dégueulasse.

Abject.

Je... J'avais jamais vu les choses sous cet angle...

Ah oui, c'est classique, ça : Tout le monde s'en fout, des personnages secondaires...

Vous avez gardé vos déguisements ?

On se sent bien dedans.

...Mais ma mère, je sais pas c'est quoi son problème qu'elle a...

...Enfin on se comprend trop pas...

Tu vois le genre ?

Mmm...

Bref :

Ouais : Enfin dans la famille, on n'est pas des champions de la communication, quoi...

Mmm...

Mmm...

C'est dingue, ça... Avant que tu ne fasses le premier pas, je ne t'avais jamais envisagée comme une petite amie potentielle... Pour moi, tu étais restée la petite fille endormie au milieu d'un très grand champ...

Ça me semble si loin...

Ben c'était que y a un an pourtant...

Tu m'écoutes pas du tout en fait ?

Hein ?

Heu ?

Si si !

Bon. Alors dans ce cas-là, je vais te confier un secret :

Je veux bien jouer le rôle de la méchante : ça m'amuse...

...Mais je ne veux pas jouer celui de l'idiote. Ni de la victime...

...Et en plus tu n'es pas assez rigolo : Tu m'ennuies...

Je romps.

Ciao bello.

Hein ?

Heu, Paul ?

Oui ?

Tu sais, si je t'ai embrassé, c'était peut-être, heu...

Quoi ?

...Peut-être un peu précipité...

Peut-être que c'était pas non plus pour les bonnes raisons...

♪ Bidibidibidibidibidibi ! ♫

?

Allô ?

Oui mais non, là je...

QUOI ?

MINA A BESOIN DE MOI !

Marie?

Ah, Lou!

Karine t'a appelée?

ouais.

Elle est où? Elle est où?

Dans la chambre. Je vous attendais pour monter...

La pauvre enfant...

Mina?

Ça va, ma chérie?

Jean-Jean et moi, c'est fini...

Blong

Blong

?

Bou hou hou!

Blong Blong

Tu connais les accords d'"I will survive"?

La mineur, ré mineur sol, do, fa, si et mi?

C'est ça.

On y va?

Commence, j'te suis.

43

JOYEUX AANNIIVERSAIRE
JOYEUX AAA NNIII-VERSAIRE
JOYEUX AAAAAAA-NNIIIIIII-
-VEEEEER-SAIIIIIIIIIRE !

?

M'man ?

Ben oui.

Mais qu'est-ce que...?

C'est aujourd'hui.

Hein?

T'as quatorze ans quoi.

C'est cool, non ?

?

?

Joyeux Anniversaire !

On organisera une petite fête cet après-midi !

On a tout prévu avec ta maman.

YEAH!

Et vous pouvez même inviter les garçons aux Vespa...

Elle m'a convaincue.

?

Ben merci je ...

Ça devait être une surprise, mais j'avais envie de te le souhaiter tout de suite, c'est pour ça.

Ha.

Alors qui veut quoi?

Bon.

J'vais me recoucher un peu, moi.

Thé?

Jus d'orange?

Café?

Croissant?

Café.

44

Bon ben...

Joyeux anniversaire!

On se fait juste la bise, alors?

Si j'ai bien compris...

Tu l'ouvriras chez toi.

Paul, je suis désolée, j'ai gâché toute notre amitié! HOPOPO! POPOP!

Chut, mais tais-toi, donc!

C'est tout oublié!

C'est vrai?

Non, pas vraiment. Ça va probablement rester l'un des plus beaux souvenirs de ma vie, c'est tout.

Un coup de main, madame Garsillac?

Oh bien volontiers! Il faut finir d'accrocher les lampions là-bas.

Vous crôtes?

Mais oui, allez-y!

Ça va vous aller super.

♪ Bienvenue, bienvenue! ♪

Heu..

Bonjour Ma-daame... ♪

Heu...

Voilà des fleurs- heu,

TRISTAN!

Hey!

Enfin on se voit!

Wha! comme t'as grandi, hé!

Tu... Tu crois que l'on pourrait rester bons amis?

Ça ne me dérangerait pas...

Je crois qu'elle nous a pas reconnus.

HÉ, FAUT QU'J'VOUS CAUSE TOUS, LÀ.

Comme c'est la fête, et tout, j'me suis dit qu'il fallait que je vous présente quelqu'un.

Quelqu'un que j'kiffe bien.

Si je traînais pas trop avec vous ces derniers temps, c'est que j'allais le voir au village l'après-midi...

Mais juste comme ça, quoi, vite fait tranquillement.

Et puis ben... on a tchatché et tout bien, quoi...

TU PEUX VENIR! N'AIE PAS PEUR.

M'sieurs-dames...

Il est timide.

Je crois que c'est elle qui a gagné la chasse aux garçons.

Et alors, tu l'as embrassé, Tristan, ou pas ?

Beh non.

Je crois qu'on n'était pas encore tout à fait prêts...

...ou un truc, comme ça, quoi...

Cet hiver, il m'a invitée pour des vacances à la neige, alors on verra bien...

Ton idée d'amener Paul, là, je sais pas si c'était un désastre ou une très bonne chose...

En tout cas, ne refais plus jamais un truc comme ça dans mon dos.

COMPRIS !

Bon, mais t'as passé des bonnes vacances quand même ?

J'ai pas tout gâché non plus...

Ah mais non, c'était super, hein ?

Super !

Ouf.

Tant mieux.

C'est nul, ce froid.

J'aime pas la rentrée.

J'vais au chaud.

J'arrive.

Super.

RHAA !
14 ANS ! (comme Mamette !)
Je suis vieille !

MA CARTE D'ANNiVeRSaiRe !

signée par tout le monde, pendant les vacances ! (qui sont TERMINÉES !)

... Et puis des petites photos des nouveaux venus dans mon p'tit monde !

Tout d'abord :

Mr HENRi

Après ma fête d'anniversaire, il a eu une sorte de déclic, ou je sais pas quoi... Il était de bonne humeur jusqu'à la fin du séjour. Bah... Tant mieux !

MANOLO ou PRESTON ?

J'ai un peu honte, mais j'ai pas réussi à retenir, entre lui et son pote, lequel était Preston et lequel était Manolo ! En tout cas, c'est des garçons adorables !

MR JUiCE

C'est bête, j'ai pas trop eu le temps de mieux le connaître...

Par contre :

Il m'a bien aidée à la fin du séjour pour remettre L'ANIMAL dans sa cage.
VOIR FICHE 545-P.

Ma Lou,
En tant que ta VÉRITABLE meilleure amie (depuis qu'on est toutes petiotes toutes les deux, souviens-toi, snif !)
je je te souhaite un anniversaire super génial !

Mina qui t'adore

$PÉCIALE Dédicace à toi, ma kONDANTE ABORÉE.
RESPECT KARiNE !!

Tout ce lazan ... Ça m'est vraiment pas dans mes habitudes mais je crois que ... J'adore ça
Mr Henry

Joyeux Anniversaire !
Tu embrasseras ta mère de ma part !
— Preston (le garçon avec un slip en fourrure)

Joyeux Anniversaire
Merci de m'avoir accueilli parmi vous sans vous soucier des préjugés. Mr Juice

Dis donc, Lou, t'étais pas super petite, quand on s'est rencontrés pour la première fois ? C'était y a pas si longtemps pourtant. T'es une super gamine !
Joyeux anniversaire.
Richard, ton "Beau" Papa

Les garçons c'est comme les champignons : on les cherche, on trouve ... et ils nous empoisonnent !
Marie - Émilie

BOUH !
trouille

Minou ! Minou ! Minou !

GOTCHA !
TAC !
FLOU !

MERCi HEiN !
MISTER JUICE : TOUJOURS PRÊT À RENDRE SERVICE !
MEOW !